Guías Espirituales

Una Guía Completa para Comunicarse con los Guías Espirituales y los Ángeles de la Guarda

Jamie Parr

Contenido

Introducción

Nunca estamos realmente solos en esta vida. Ya sea por el hecho de que estamos rodeados por miles de millones de personas de nuestra misma especie o por el hecho de que tenemos un número infinito de energías diferentes a nuestro alrededor en cualquier momento dado, nunca estamos realmente solos. De todo lo que te rodea, un puñado de estas energías son en realidad entidades que existen para vigilarte, guiarte y protegerte en esta vida. Tanto si tienes una misión en la que quieres embarcarte como si simplemente quieres disfrutar de un buen día a día, hay varios seres que te están ayudando a conseguir exactamente lo que deseas aquí en la Tierra. Se les conoce como tus Guías Espirituales.

Los Guías Espirituales vienen en todas las formas y tamaños. Algunos aparecen como simples humanos, mientras que otros son superhumanos que poseen cualidades y fortalezas únicas que están diseñadas para protegerte y apoyarte. Algunos no son humanos, adoptan la forma de ángeles, hadas, trabajadores de la luz o incluso pequeñas bolas de energía que no tienen forma real o entidad distintiva, más allá de una energía familiar que puedes reconocer. Otros toman la forma de animales o criaturas míticas diseñadas para ayudarte en lo que necesites. Independientemente de su aspecto, todos tienen algo en común: tú.

Los espíritus guías que te rodean se conocen como desencarnados, lo que significa que no han encarnado en la Tierra y que nunca lo harán. Al menos, no durante tu vida. En vidas futuras, puede que sean ellos los que encarnen mientras tú eres el que existe en su equipo de guías espirituales, pero mientras tanto, su atención se centra en ti. Los guías espirituales traen consigo muchos atributos maravillosos, que van desde la capacidad de protegerte y apoyarte, hasta la de proporcionarte amplios conocimientos y orientación para ayudarte a conseguir cualquier cosa que desees en la Tierra. Algunas personas creen que cada uno de nosotros viene aquí con una misión única, mientras que otras creen que no venimos aquí con ninguna misión en absoluto y que, en cambio, vivimos libremente con nuestro propio libre albedrío. Independientemente de lo que creas, puedes confiar en tu equipo de guías espirituales para que te ayuden en tu viaje.

Incluso si no te has estado comunicando o conectando regularmente con tus guías espirituales, ellos existen y te han estado ayudando de innumerables maneras. Aprender a cerrar la brecha mediante la apertura de las líneas de comunicación te ayudará a obtener aún más de tu equipo espiritual, lo que te permite aprovechar el poder prácticamente ilimitado que se puede utilizar para lograr cualquier cosa que desees en la Tierra, y más allá. En los siguientes capítulos, vas a descubrir cómo puedes acceder a tu equipo de guía espiritual invisible y pedirles seguridad y ayuda en cualquier momento que lo necesites. A medida que descubras cómo acceder a este poderoso equipo de apoyo, te encontrarás experimentando mayores niveles de éxito en todas las áreas de tu vida, así como una mayor felicidad y realización en una multitud de formas.

El hecho de que estés aquí demuestra que tus guías espirituales te están llamando para que trabajes con ellos de una forma más intensa, y que estás preparado para hacerlo. Si estás listo para embarcarte en esta emocionante y amorosa misión y para experimentar la vida desde un punto de vista totalmente nuevo, ¡comencemos!

Capítulo 1: ¿Qué son los guías espirituales y los Ángeles de la Guarda?

Los guías espirituales y los Ángeles de la Guarda sólo presentan sutiles diferencias entre quiénes y qué son, y por qué los tienes en tu vida. Comprender estas diferencias puede ayudarte a saber exactamente a quién llamar en cada momento, lo que significa que es más probable que aproveches el poder exacto que necesitas. Para entender la diferencia entre todos tus guías y guardianes, piénsalo así: si te enfrentaras a una emergencia porque tu casa se está incendiando, tienes el libre albedrío de llamar a cualquier equipo de emergencia que desees. Podrías llamar a una ambulancia, a un policía o incluso a una grúa si quisieras. Sin embargo, ninguno de estos equipos de rescate estaría equipado para ayudarle en la emergencia a la que se enfrenta. En cambio, si llamaras a un bombero, tendrías exactamente la ayuda que necesitas. En la Tierra, tienes el libre albedrío de pedir ayuda a quien desees, aunque no todas las personas podrán ayudarte. Del mismo modo, tienes el libre albedrío de llamar a la ayuda de cualquier guía espiritual o ángel guardián que desees, pero no todos estarán equipados para ayudarte. Saber a quién llamar, y cuándo, garantiza que obtendrás la ayuda exacta que necesitas.

Todo lo que debes saber sobre los Ángeles de la Guarda

La forma más fácil de entender qué es un ángel de la guarda es comprender que son una forma de guía espiritual. En otras palabras, todos los Ángeles de la Guarda son guías espirituales, pero no todos los guías espirituales son Ángeles de la Guarda. Los Ángeles de la Guarda pueden ser una de las formas más populares de guías espirituales, ya que se habla de ellos habitualmente en diversas culturas y religiones. Los Ángeles de la Guarda personales pueden adoptar una identidad menor o común, o pueden adoptar la identidad de un arcángel. Si tu ángel de la guarda adopta una identidad menor o común, todo lo que esto significa es que la identidad es significativa para ti y posiblemente para algunas otras personas en tu vida terrenal, pero es probable que nadie más sepa quiénes son. Por ejemplo, tu abuela podría convertirse en tu ángel de la guarda después de fallecer, lo que significa que es una identidad significativa para ti y tu familia, pero el público en general no sabría quién era. Algunas personas tienen como Ángeles de la Guarda a arcángeles como Miguel, Uriel o Rafael. A pesar de que estos pueden parecer más prominentes porque son ángeles "famosos", no son ni más ni menos poderosos que un ángel guardián de identidad menor o común. Todos los Ángeles de la Guarda son poderosos, especiales y significativos. Recibirás el ángel de la guarda que mejor se adapte a ti y a tus necesidades, lo que significa que, independientemente de quién sea tu ángel de la guarda, tendrá el poder exacto necesario para protegerte y apoyarte.

Mientras que algunas culturas creen que los Ángeles de la Guarda son aquellos que fallecieron antes que tú o son arcángeles famosos, otras creen que los Ángeles de la Guarda no tienen nombre y no estaban conectados contigo de ninguna manera en el reino físico. Estos individuos creen que tu ángel de la guarda te fue asignado al nacer y que nunca sabrás quiénes son, pero puedes interactuar con ellos y comunicarte con ellos. En cuanto a la espiritualidad, depende de ti decidir si reconoces un nombre y una identidad para tu ángel de la guarda, o si simplemente reconoces su existencia. Es posible que tu ángel de la guarda no te diga explícitamente su nombre, pero puedes intuir quién es a través de los mensajes que te transmite y de la energía que posee. Si eliges reconocer un nombre y una identidad, puedes usar esto como una forma de comunicarte con ellos. Por supuesto, no es necesario, y puedes seguir comunicándote con ellos con confianza y eficacia aunque no tengan nombre ni identidad confirmada. Todo depende de con qué te sientas cómodo y qué te parezca correcto a este respecto.

Tu ángel de la guarda siempre está cerca de ti, aunque no sientas su presencia. De hecho, a veces pueden ocultar intencionadamente su presencia para evitar que te distraigas o pienses demasiado en ellos cuando, en realidad, quieren que pienses y disfrutes de tu vida física. En el reino angélico, no todos los ángeles están destinados a convertirse en Ángeles de la Guarda; sólo algunos lo están.

Para aquellos que creen en el Cielo o en un reino superior al que ascendemos tras nuestra muerte, se dice que los Ángeles de la Guarda te guían hasta allí. A lo largo de la vida y durante el proceso de tu muerte, los Ángeles de la Guarda pueden ver el camino para que llegues a este reino superior y pueden ayudarte a tomar las decisiones correctas, así como protegerte en tu viaje hasta allí. En cierto modo, son enviados para proteger tu alma del sufrimiento innecesario, alejándote de forma segura de experiencias no deseadas. Tu ángel de la guarda nunca te abandonará, pase lo que pase.

También es importante comprender que tu ángel de la guarda es un mensajero. Ya sea que creas en Dios, en el universo o en alguna otra forma de poder superior, puedes ver a tu ángel guardián como el que trae mensajes de ese poder superior para que puedas recibirlos. Los Ángeles de la Guarda te enviarán mensajes a través de tus sueños, tus pensamientos e incluso a través de la vida cotidiana mediante señales, símbolos y otros actos de serendipia.

Puedes comunicarte con tus Ángeles de la Guarda del mismo modo que lo harías con cualquier otro espíritu guía. Si deseas una conversación sencilla o casual, puedes hablarles dentro de tu mente o en voz alta mientras realizas tus tareas diarias, y ellos te oirán. Si deseas tener una conversación más directa en la que recibas conocimiento de ida y vuelta en ese momento, puedes meditar sobre ellos y pedir recibir respuestas suyas en ese momento. En este espacio, las respuestas pueden volver a través de pensamientos que aparecen "al azar" en tu mente, así como señales que pueden ocurrir a tu alrededor durante esa conversación. Por ejemplo, algunas personas se dan cuenta de que de repente pasa flotando una mariposa, un pájaro revolotea fuera de su ventana por un momento, la llama de una vela se apaga, o alguna otra cosa serendípica ocurre en su espacio inmediato. Todas estas son excelentes señales de que tu ángel de la guarda se ha comunicado contigo.

Todo lo que necesitas saber sobre los guías espirituales

Los guías espirituales son muy parecidos a los Ángeles de la Guarda, con la diferencia de que tienen un alcance más amplio. Esto significa que los guías espirituales pueden manifestarse de muchas más formas que como Ángeles de la Guarda. Los guías espirituales pueden ser arcángeles o Ángeles de la Guarda, animales espirituales, maestros ascendidos, seres queridos que han partido, o incluso formas de energía que no adoptan una forma o entidad específica. También es probable que experimentes muchos otros tipos de guías espirituales a lo largo de tu vida, aunque sería prácticamente imposible resumir todas las entidades en un solo libro, ya que existen infinitas formas de entidades en el universo.

Al igual que los Ángeles de la Guarda, los guías espirituales existen para ayudarte en la vida y ayudarte a experimentar lo que desees experimentar en la Tierra. Si deseas manifestar algo específico en tu vida, los guías espirituales pueden ayudarte a hacerlo guiándote hacia aquello que deseas, al tiempo que alinean todo en el reino de la energía para que tengas éxito. Los guías espirituales pueden aportarte conocimientos específicos, apoyarte en tus búsquedas y, en general, ayudarte a tener una vida más agradable y satisfactoria.

A menudo se dice que cada ser humano nace con una misión, y que tus guías espirituales están diseñados para ayudarte a lograr esa misión. Dicho esto, en la Tierra tenemos libre albedrío, por lo que podemos elegir si queremos identificar y perseguir nuestra misión, o si queremos ignorar nuestra misión y simplemente experimentar la vida en la Tierra. Para algunas personas, la experiencia de vivir en sí misma puede ser realmente el propósito de toda su misión. En cualquier caso, si deseas perseguir tu misión, por grande o aparentemente imposible que sea, tus guías espirituales pueden ayudarte a hacerlo. Conocen las respuestas que tú no conoces, pueden sacarte la información que necesitas y ayudarte a completar cada paso de tu misión, por muy difícil que te parezca.

Al igual que los Ángeles de la Guarda, los espíritus guía no suelen comunicarse contigo a menos que tú te comuniques primero con ellos. Aun así, siempre estarán cerca y a menudo te ayudarán de formas que ya habías acordado, en algún momento del pasado o antes de encarnar en la Tierra. Pueden ayudarte indicándote el camino correcto, salvándote milagrosamente de una experiencia cercana a la muerte, o incluso proporcionándote la perspicacia necesaria para evitar que sigas un camino equivocado en la vida. Por ejemplo, muchas personas que han sufrido adicciones o que han llevado una vida insatisfactoria cuentan a menudo que han sentido una "cosa" que se les acercó y les dijo que era hora de cambiar, así que cambiaron milagrosamente de camino y lograron algo grandioso. No se trata de una experiencia infrecuente, y le ocurre a mucha gente en muchos ámbitos diferentes de la vida. El resultado es que consiguen mucho más de lo que habrían logrado si hubieran permanecido en su camino vital anterior, que en última instancia era incapaz de conseguirles los resultados que deseaban o necesitaban.

Los guías espirituales pueden revelar su identidad y entidad, o pueden permanecer invisibles y reservados sobre quiénes son en realidad. A menudo, una vez que desarrollas una relación con tus guías y la capacidad de comunicarte con ellos, puedes pedirles que se revelen, y lo harán encantados, lo que en realidad ayuda a profundizar el vínculo que compartes con ellos. Incluso sin este vínculo, todos tus guías espirituales te ayudarán. Sin embargo, el vínculo hace que te resulte más fácil recibir su apoyo y confiar en su guía.

Puedes contactar con tus guías espirituales del mismo modo que con tus Ángeles de la Guarda. Puedes hablarles en voz alta o en tu mente, o puedes sentarte en un estado meditativo y darles la bienvenida para que vengan a ti y se comuniquen contigo de una manera más oficial. Ellos también pueden comunicarse contigo a través de pensamientos automáticos o "aleatorios", o pueden comunicarse a través de signos, símbolos y serendipia. Más adelante en este libro aprenderás cómo comunicarte eficazmente con tus guías espirituales, incluyendo cómo conversar con ellos y recibir respuestas directas y orientación a cualquier pregunta o necesidad que puedas tener.

Capítulo 2: Los distintos tipos de guías espirituales

Existen muchos tipos diferentes de guías espirituales. Aunque en el capítulo anterior nos hemos referido a algunas de las entidades básicas, en realidad hay cinco tipos de relaciones que puedes compartir con tus guías a nivel del alma. Puede haber más, pero estos cinco tipos de relaciones son los más comunes y los más fáciles de entender cuando se está empezando. Es poco probable que necesites conocer o comprender otros tipos de relaciones, aunque tus guías espirituales siempre te guiarán hacia más respuestas si alguna vez surge la necesidad.

Los cinco tipos de relaciones con tus guías espirituales que es probable que experimentes incluyen antepasados, almas gemelas, familias del alma, llamas gemelas y guías asignados al alma. Cada uno de ellos se relaciona contigo de una manera diferente y, por lo tanto, desempeña un papel diferente en tu vida, del mismo modo que las diferentes relaciones en tu vida física sirven para diferentes propósitos, con personas que también desempeñan papeles diferentes.

Los antepasados como guías espirituales

Una de las formas más poderosas de guías en tu equipo de guías espirituales son los antepasados. Los ancestros son personas que estuvieron biológicamente emparentadas contigo en la Tierra, y que guardan una gran conexión contigo y con tu alma, así como una comprensión única de tu experiencia vital. Independientemente de cómo sean tus relaciones con tu familia viva, tus ancestros siempre te amarán y apoyarán incondicionalmente, ya que desean verte a ti, y a tu linaje compartido, tener éxito en vuestras misiones del alma.

Es importante entender que los ancestros mantendrán la misma personalidad y nivel de habilidades en la otra vida que en la Tierra. Aunque continuarán aprendiendo y creciendo, a menudo dejando atrás muchos de sus rasgos más tóxicos, seguirán teniendo las mismas personalidades y habilidades que tenían en la Tierra. Por ejemplo, si a tu tía abuela le encantaba la jardinería y odiaba la tecnología, sería una guía espiritual maravillosa a la que recurrir cuando necesites ayuda con la jardinería, pero no sería la guía adecuada a la que recurrir cuando necesites ayuda con un problema digital. Puede que no siempre sepas para qué son buenos tus antepasados, pero siempre puedes averiguarlo preguntándoles y estando abierto a recibir orientación y respuestas en cualquier forma en que puedan llegar.

Almas gemelas

Las almas gemelas son un tipo específico de conexión de almas que están destinadas a cruzarse contigo. Muchas de tus almas gemelas están del lado de la Tierra y pueden apoyarte como un guía espiritual. Sin embargo, no son el tipo de guía espiritual al que puedes llamar en cualquier momento, como un ángel de la guarda o un antepasado desencarnado. Las almas gemelas están vinculadas a ti de una manera especial, comportándose a menudo como mejores amigos eternos, aunque ocasionalmente también tienen diferentes tipos de relaciones contigo. Algunas almas gemelas comparten un tipo específico de intimidad contigo y expresarán esa intimidad ya sea en esta vida, o antes de que realmente encarnes.

Es importante comprender que las almas gemelas de su equipo de guías espirituales son diferentes de los tipos de almas gemelas de los que se habla a menudo en las novelas románticas. A diferencia de la versión de las almas gemelas de los amantes cruzados, las almas gemelas de los guías espirituales son almas que están unidas a través de una forma de conexión eterna, aunque no es necesario que estén físicamente presentes en la vida del otro durante ningún periodo de tiempo. De hecho, puede que nunca se manifiesten en esta vida.

Almas Familiares

Las almas familiares son similares a las almas gemelas por naturaleza, aunque tienen un vínculo más inminente. Las almas familiares tienden a encontrar su camino en la vida de los demás en cada encarnación, independientemente de la encarnación que sea. Tu alma familiar se presentará en la Tierra apareciendo en tu vida a través de estrechas conexiones familiares o amistades, que llegan a ser tan cercanas que parecen familia. También existirán en tu equipo de guías espirituales, representando seres y energías en otros reinos que también son una parte obvia de tu familia.

Las almas familiares a menudo comparten una misión similar, normalmente vengar el karma familiar en un nivel u otro, y trabajarán juntas para lograr sus misiones. Te des cuenta o no, a un nivel práctico y energético, tú y tu familia siempre estarán trabajando hacia algo similar en sus vidas personales, así como en sus relaciones. La idea es que todos trabajen juntos para potenciar las misiones de los demás y crear éxito dentro de su unidad familiar.

Llamas gemelas

Las llamas gemelas son guías que son muy similares a ti y que tienen una conexión espiritual muy fuerte contigo. Sirven para ayudarte tanto en la Tierra, en esfuerzos físicos, como en esfuerzos espirituales.

Se dice que tu llama gemela es igual a ti en prácticamente todos los aspectos, lo que significa que tiene una comprensión única de quién eres, cómo funcionas y cómo puede ayudarte a través de misiones específicas. Cuando ustedes dos trabajan juntos, ya sea en la Tierra o en el reino espiritual, crean la oportunidad para que ambos experimenten un gran éxito en sus misiones terrenales y del alma. El poder que crean juntos es masivo, y es casi incomparable con cualquier otro poder en la Tierra o en el universo. Conectar y trabajar con tu llama gemela, ya sea en el reino espiritual o en la Tierra, es una forma increíblemente poderosa de ayudaros a ambos a vivir vuestro máximo potencial.

Guías asignados por el alma

Los guías asignados al alma son como Ángeles de la Guarda, animales espirituales y otras entidades que te son asignadas desde el nacimiento. Puede que no tengan ningún tipo de conexión específica contigo o con tu alma, pero tienen una razón única para estar presentes en tu equipo de guías espirituales y ayudarte en tu misión específica. A menudo, los guías asignados a tu alma tienen una misión similar a la tuya, ganarán algo de tu misión también, o tienen una deuda kármica que necesitan pagar y lo están haciendo siendo tu guía. Independientemente de por qué han sido asignados, su propósito es formar parte de tu equipo de guías espirituales y ayudarte a alcanzar el éxito en la misión de tu alma, sea cual sea.

Capítulo 3: El propósito de tus guías

Comprender el propósito de tus guías te ayuda a sentirte más seguro al invocarlos y confiar en que realmente estarán ahí para apoyarte. Cada guía tiene su propia razón de ser en tu vida, aunque todos sirven a un propósito maravilloso. Es importante que comprendas el propósito de tus guías para que puedas recurrir a ellos cuando lo necesites y sepas, con certeza, que te ayudarán.

Apoyarnos en nuestras misiones del alma

Algunos guías están contigo con el propósito de apoyar la misión de tu alma. Pueden tener la misma misión que tú, o incluso pueden ser los que te animaron a aceptar una misión específica en la vida. Por esta razón, se quedan contigo para ayudarte a cumplir tu misión del alma, ya que pueden proporcionarte orientación e información útil que, de otro modo, no habrías recibido. Los guías enviados para apoyarte en tu misión del alma te darán información sobre cómo cumplir con tu misión del alma y te proporcionarán una visión sobre qué acción tomar. A menudo alinearán la energía universal para garantizar que las "estrellas se alineen" a tu favor, lo que te ayudará aún más a cumplir tu misión del alma.

Orientarnos a través de la energía universal

Tu guía puede serte asignado como una forma de ayudarte a navegar por las energías universales. Algunos guías aceptarán esto como su misión, de forma similar a como la gente en la Tierra se siente profundamente llamada a hacer algo como trabajar como médico para salvar vidas, o trabajar como abogado para ayudar a personas inocentes a ser absueltas de cargos criminales. Una vez que un guía ha aceptado esto como su misión, puede ser asignado a ti para que pueda cumplir su propósito. Tras la asignación, trabajan contigo para ayudarte a navegar a través de la energía universal. Estos guías actúan como una especie de mentor universal, ayudándote con tu misión del alma o con cualquier nueva misión que puedas crear para ti mismo. Es maravilloso trabajar con ellos ya que no tienen una agenda personal o deseo de ayudarte de una manera específica, lo que significa que su guía es totalmente imparcial y abierta para ayudarte a cumplir lo que desees hacer con tu vida y libre albedrío. Estos guías son maravillosos para misiones personales, manifestación, trabajo energético y sanación energética, y otras búsquedas que pueden ser totalmente independientes de tu misión del alma o trabajo kármico.

Ayudarnos a alcanzar objetivos comunes

A veces, un guía espiritual puede tener un objetivo similar al tuyo, por lo que se une a ti para lograr ese objetivo mutuo. Al igual que los socios trabajan juntos para alcanzar un objetivo profesional común, los guías espirituales pueden unirte a ti porque tienen deudas kármicas similares que saldar, o porque tienen una misión energética similar a la suya. Al unirse a ti, pueden recibir los beneficios de tu encarnación terrestre, de la misma forma que tú recibes los beneficios de su desencarnación. Como resultado, ambos pueden trabajar hacia sus objetivos mutuos y ayudarse mutuamente a tener éxito.

Permitirnos vengar nuestras deudas kármicas

Muchas personas creen que cada uno de nosotros tiene una puntuación o balance kármico que mantenemos en nuestras vidas espirituales. El karma siempre debe alcanzar un equilibrio neutro antes de que podamos llegar oficialmente al final de nuestros viajes kármicos. Algunos de nosotros cargamos con un karma negativo, por lo que encarnamos en la Tierra como una oportunidad para vengar nuestras deudas kármicas. Guías espirituales como nuestros ancestros, familias del alma y otros guías a menudo trabajarán con nosotros para ayudarnos a vengar estas deudas, para que podamos llegar oficialmente a un balance cero y terminar nuestro ciclo de deuda kármica. De esta manera, estaremos en karma neutral y podremos liberarnos del sufrimiento asociado con llevar un balance kármico negativo.

Capítulo 4: Por qué debes comunicarte con tus guías

Aunque hayas acordado una misión del alma específica antes de encarnar en la Tierra, nunca estás obligado a comunicarte con tus guías espirituales ni a trabajar para cumplirla. Al venir a la Tierra, lo hacemos con una única cláusula en nuestros contratos de alma: nosotros decidimos en última instancia. Algunas personas encarnan en la Tierra con una misión específica, sólo para darse cuenta de que su capacidad para cumplir esa misión se ve obstaculizada por algo, o se dan cuenta de que hay otras cosas que preferirían hacer mientras están aquí. Muchos ni siquiera piensan en preguntarse por qué están aquí en la Tierra, y cuál es su propósito único. Nuestro libre albedrío nos da la opción de cumplir la misión de nuestra alma o ignorarla por completo.

Tomar la decisión de trabajar con tus guías espirituales, ya sea para cumplir tu misión o simplemente para llegar a conocerlos y aprovechar su guía de otras maneras, es una elección muy personal. Nunca estás obligado a hacerlo. Sin embargo, hay muchos beneficios impecables que puedes obtener al comprometerte en este tipo de trabajo.

Una cosa que vale la pena destacar es la aparición de médiums y otros individuos espiritualmente sintonizados que son capaces de identificar y presentarte a tus guías espirituales. Este tipo de sesiones son una forma maravillosa de conectarte con tus guías espirituales de una forma que te resulte cómoda, sobre todo si te sientes seguro con el mentor que te está guiando. Sin embargo, es importante que también aprendas a comunicarte con tus guías por tu cuenta, ya que así te aseguras de que puedes comunicarte con ellos y recibir su guía sin necesidad de que un tercero te ayude. Esto hace que recibir y seguir su guía sea mucho más fácil, permitiéndote obtener el máximo beneficio posible de tus relaciones con tus guías espirituales.

Aumenta la confianza en uno mismo

Se sabe que aprender a comunicarse con los guías espirituales ayuda a las personas a aumentar drásticamente su confianza en sí mismas. Esto proviene de tres áreas específicas de beneficio que obtienes al comunicarte con tus guías: confianza en que realmente son ellos con los que estás hablando, confianza en los símbolos que recibes y confianza en el hecho de que estás profundamente apoyado en la vida.

Cuando una tercera persona facilita la comunicación entre tú y tus guías espirituales, siempre puede existir un cierto nivel de escepticismo o incertidumbre. Puede que te preguntes si son realmente tus guías los que han sido contactados, si lo que la persona te está diciendo es cierto, o si ha interpretado adecuadamente los mensajes enviados por tus guías. Los lectores e intérpretes siempre tendrán su propia manera de interpretar los mensajes, lo que significa que lo que dicen puede ser ligeramente distinto de lo que se pretendía, y en tu intuición, lo sabrás y lo sentirás. La cuestión no es que hayas recibido una mala lectura, sino que no eras tú quien identificaba personalmente los mensajes que te enviaban. A menudo, los mensajes son muy personales y sólo tú sabrás interpretarlos correctamente. Aprender a comunicarte con tus guías te ayudará a recibir e interpretar tus propios mensajes, para que tengas absoluta confianza en los mensajes que recibes.

La confianza que obtienes de los símbolos que recibes te permite tener una comunicación más clara y efectiva con tus guías espirituales. Esto significa que en lugar de tener una comunicación entrecortada o incierta, pierdes la barrera del lenguaje y eres capaz de entender claramente lo que tus guías te están diciendo. Empezarás a ver sus señales más a menudo y a notarlas con claridad. La confianza en tu comunicación conduce a la confianza en tu acción, lo que significa que es mucho más probable que obtengas los resultados deseados de tus comunicaciones.

Por último, ganarás confianza al sentirte profundamente apoyado y al sentirte siempre guiado en la vida. Una de las muchas razones por las que carecemos de confianza es porque experimentamos miedo, y el miedo se siente a menudo cuando no sabemos lo que viene a continuación. Cuando te das cuenta de que tienes guías que te apoyan en lo desconocido, te resulta más fácil avanzar por lo desconocido con confianza porque sabes que tienes a alguien que siempre está pendiente de ti.

Aumenta tu fe personal

Tener fe en algo con lo que no se ha interactuado personalmente es un reto. Puedes creer que algo es verdad y que existe, pero es difícil tener fe personalmente en algo que aún no has visto o experimentado a tu manera. Crear una interacción personal con tus guías espirituales significa que recibes señales, símbolos y mensajes de ellos directamente, lo que hace que tener fe en ellos sea mucho más fácil. Cuanto más profunda sea tu fe en tus guías espirituales, más profunda será tu capacidad para confiar en ellos y recibir su guía.

La fe profundizada proviene, en última instancia, de la comunicación con tus guías y de experimentar innegables actos de serendipia o señales de que algo inexplicable está ocurriendo. Por ejemplo, si pides una señal a tu guía y miras el reloj y te das cuenta de que son las 11:11, sabes que tu guía está ahí. O si pide una señal muy concreta, como ver un pájaro amarillo, y a los pocos minutos ve uno, sabe que ha recibido una señal de su guía.

Recibir señales de tu guía es una experiencia increíble difícil de explicar y de justificar o describir de otra forma que no sea la serendipia o la presencia de un poder superior. Este tipo de señales rara vez pueden describirse como coincidencia porque ocurren con tanta frecuencia y de tal manera que es difícil negar el hecho de que existe un vínculo directo entre su comunicación y estas experiencias. Como resultado, sabes en lo más profundo de tu corazón que estás recibiendo señales verdaderas y que estás siendo apoyado por tus guías espirituales invisibles. Con esta experiencia personal directa, sabes que puedes llamar a tus guías y contar con su ayuda cuando sea necesario.

Mejora tu fuerza y potencia

Cada uno de nosotros tiene la capacidad de aprovechar una fuerza y un poder increíbles, tanto en nuestro interior como en nuestra energía espiritual. Para poder aprovechar tus energías espirituales, tienes que ser capaz de creer realmente en ellas y entender cómo funcionan, así como comunicarte con ellas con certeza. Aprender a comunicarte con tus guías espirituales te asegura que no sólo estás conectado a ese poder, sino que tienes mentores que comprenden el poder al que has accedido y que pueden guiarte sobre cómo usarlo. De nuevo, existen muchos mentores y entrenadores espirituales en la Tierra que pueden guiarte hacia el uso de la energía y la profundización de tu conexión, y sus servicios son a menudo fenomenales. Sin embargo, nada es comparable a la orientación personalizada que se obtiene al trabajar con un equipo que te conoce más íntima y profundamente de lo que nadie más lo hace, o incluso puede hacerlo en primer lugar. Independientemente de lo poderoso que pueda ser un médium o un lector, siempre leerán con un nivel de parcialidad que hace que la lectura sea ligeramente más personal para ellos que para ti. Una vez más, esto no significa que no sean buenos en lo que hacen; sólo significa que leen con el típico sesgo humano que tienen todos los seres humanos de la Tierra.

Una vez que entiendas lo que tus guías están diciendo, puedes ponerlo en práctica de la manera exacta en que has sido guiado a hacerlo. Ya que coincide con tu poder y habilidades directas, creas la oportunidad de disfrutar de una relación más fuerte con tus poderes energéticos personales. Si deseas abrir tu tercer ojo, activar tus sentidos clarividentes o participar en actividades como la proyección astral, contar con el apoyo de tus guías hace que la experiencia sea mucho más exitosa y poderosa. Puedes aprender más sobre cómo despertar tu tercer ojo y trabajar con tus sentidos clarividentes en mi libro *El Despertar del Tercer Ojo*, y puedes aprender más sobre la proyección astral en mi libro *Proyección Astral*.

Otro gran beneficio de trabajar con tus guías espirituales es que si quieres desarrollar una nueva habilidad o descubrir qué otros talentos energéticos o espirituales ocultos tienes, tus guías espirituales pueden ayudarte a iluminarlo. Pueden verte de una forma que ningún humano puede, lo que significa que pueden identificar rápida y fácilmente ciertas habilidades que podrías tener y que puedes utilizar en tu beneficio. Una vez que tus guías han ayudado a iluminar dichos talentos, también pueden ayudarte a comprenderlos y a utilizarlos de la mejor manera posible, al tiempo que añaden su propio poder para concederte habilidades extrasensoriales aún mayores.

Crea un sentido para tu vida

Llevar una vida sin ninguna conexión con las fuerzas espirituales que existen para apoyarte puede conducir a una vida en la que siempre parece faltar algo. Puede que no seas capaz de identificar qué es lo que falta, pero puedes sentir que falta algo. A menudo, las personas que experimentan esta sensación de que les falta algo se dan cuenta de que no parecen estar a la altura de su potencial, de que sus sueños no se están cumpliendo o de que, en primer lugar, están luchando incluso por crear sueños. En lugar de vivir una vida plena y estimulante, viven una vida que les parece anodina y aburrida. Esencialmente, existen como parte de la mayoría mundana, en lugar de aprovechar el mundo fenomenal que les rodea para poder participar en experiencias magníficas.

Cuando aprendes a comunicarte con tus guías espirituales, pueden utilizar tu intuición para guiarte hacia la misión de tu alma, o hacia la creación de una nueva misión para ti mismo, que puedes perseguir con su ayuda. A medida que persigues esta misión y experimentas el éxito en tus esfuerzos, te encuentras creando libertad en tu vida y atrayendo una realidad más excitable y agradable. Cuando tienes esta energía a tu disposición y has despertado a todo lo que existe a tu alrededor, empiezas a comprender de verdad lo maravillosamente magnífica que puede ser la vida.

Te ayuda a sentirte más realizado

La mayoría mundana que aún no ha despertado a las profundidades de la realidad cree que la plenitud puede obtenerse persiguiendo cualquier viejo objetivo y cumpliéndolo. En sus mentes, todo lo que tienes que hacer es elegir algo e ir a por ello. Su método para crear la plenitud parece muy aleatorio y a menudo no tiene en cuenta los matices únicos que nos hacen especiales a cada uno de nosotros. Aunque a ellos les parezca que esto funciona, los que hemos despertado a cualquier nivel descubriremos que este método para alcanzar la plenitud carece predominantemente de fundamento.

Tienes un anhelo específico en tu interior que deseas satisfacer, y cada impulso que experimentas ha intentado empujarte hacia la satisfacción de ese anhelo. Tanto si te lo propones como si no, estás programado para descubrir y cumplir la misión de tu alma porque para eso has nacido. Dedicar tiempo a estar en comunión con tus guías espirituales significa que descubres exactamente cuál es *tu* misión y recibes orientación para cumplirla. El resultado final es que te sientes mucho más satisfecho con tus esfuerzos porque estás logrando algo que es genuinamente significativo *para ti*.

Una vez que sabes cuál es tu misión y confías en que puedes alcanzarla, te resulta más fácil establecer objetivos personales y perseguirlos porque tienes la motivación innata y natural para cumplirlos. El nivel de realización que recibes como resultado es mucho más profundo y significativo que cualquier otro nivel de realización que puedas tener la oportunidad de experimentar.

Capítulo 5: Definir las condiciones de la relación

Desde que vives, te han enseñado a relacionarte con otros seres *humanos*. Has descubierto qué es la etiqueta social, cómo ser correcto en tus relaciones y qué se requiere de ti para que tengas una relación sana con la gente que te rodea. Los guías espirituales no han aprendido la misma etiqueta que tú, ya que vienen de reinos diferentes que tienen reglas y etiqueta diferentes sobre cómo relacionarse con los demás. Mientras que tus guías espirituales no te temen ni se relacionan contigo, tú puedes tenerles miedo a ellos y a relacionarte con ellos. Después de todo, como humanos, con frecuencia se nos dice que lo oculto está "mal" o que la gente que habla de ello es "extraña". Para nuestros guías espirituales, es natural relacionarse con personas de otros reinos.

Para desarrollar confianza en tus relaciones con tus guías espirituales, puede ser útil saber cómo definir los términos de tus relaciones y construir tus relaciones de una manera que te haga sentir bien. Puesto que tus guías espirituales sólo quieren lo mejor para ti, estarán encantados de aceptar cualquier condición que establezcas para tus relaciones, ya que quieren ayudarte a comunicarte con ellos de forma positiva. Saber que tú defines los términos de la relación puede facilitarte mucho el desarrollo de la confianza en tu relación con tus guías espirituales.

Desarrollar una relación a tu medida

Desarrollar una relación en tus propios términos significa decidir qué tipo de relación quieres tener y cómo se sentirá esa relación. Tú decides cuándo y cómo tus guías espirituales se conectarán contigo, y qué tipo de límites quieres mantener. Al principio, puede parecer una buena idea dejar que tus guías espirituales tengan "vía libre" para comunicarse contigo cuando quieran, pero debes comprender que los guías espirituales pueden estar *ansiosos*. Pueden conectarse contigo en tu vida de vigilia y de sueño hasta el punto de que te sientas abrumado por la comunicación. Algunas personas incluso terminan teniendo que cortar la comunicación por un tiempo porque su propia energía humana física se vuelve abrumadora y difícil de navegar. Para evitar esto, simplemente tienes que recordar que *tú tienes la última palabra*. Ese es el valor del libre albedrío.

Antes de comunicarte con tus guías espirituales, detente y considera qué te haría sentir bien y qué no. Además, asegúrate de recordar que siempre tienes el derecho de hacer ajustes a los términos según sea necesario. Por ejemplo, si te parece bien que tus guías se comuniquen contigo a través de la clarividencia la mayor parte del tiempo, pero te das cuenta de que es demasiado estimulante cuando estás conduciendo, pídeles que dejen de comunicarse cuando estás conduciendo. En el mismo momento en que lo pidas, se respetarán tus condiciones y la comunicación cesará. Tu energía humana puede seguir sintiéndose interferida durante un breve periodo de tiempo, pero no habrá interferencias adicionales que afecten a tu campo energético..

Utilizar el libre albedrío a tu favor

Utilizar el libre albedrío a tu favor en la relación con tus guías espirituales es una forma excelente de asegurarte de que siempre tienes el control. La forma de utilizar el libre albedrío de manera efectiva es recordar que lo tienes en primer lugar y hacer valer tu libre albedrío cuando sea necesario. Nunca te sientas obligado hacia tus guías espirituales ni te permitas tener la idea de que tienes que hacer algo, en particular, para ser "elegible" para su apoyo. El mero hecho de que existas y de que ellos formen parte de tu equipo de guías espirituales significa que eres elegible y que ellos estarán ahí para apoyarte. Aunque lo ideal es que seas amable y respetuoso con tus guías y que seas considerado cuando hables con ellos, es importante recordar que las reglas de las relaciones humanas son muy diferentes de las reglas de las relaciones espirituales. Esto significa que si no quieres seguir la misión de tu alma en este momento, pero quieres hablar con tus guías espirituales, puedes hacerlo. Del mismo modo, si quieres seguir la misión de tu alma pero no quieres tener más relación con tus guías, también puedes hacerlo. No hay correcto o incorrecto cuando se trata de mantener tus relaciones con tus guías espirituales.

Establecer límites con tus guías

Los guías espirituales se volverán bastante insistentes si no afirmas tus límites porque no se dan cuenta de que están siendo insistentes. Aparecerán en tus ensoñaciones, en tus sueños mientras duermes y en cada signo, símbolo y acto de serendipia posible si se lo permites. A los guías espirituales les encanta hablar contigo y mostrar su presencia, y sienten un gran placer al comunicarse contigo, por lo que bombardearán alegremente tu vida con un exceso de comunicación si se lo permites. Aunque pueda parecer una idea divertida, debes permanecer conectado a la realidad humana cuando te comuniques con tus guías espirituales. Esto significa que necesitas tener límites específicos que afirmar según sea necesario para evitar que tus guías espirituales interrumpan accidentalmente tu capacidad de permanecer conectado a tierra y centrado en la realidad humana.

Cuando llegue el momento de afirmar tus límites, puedes hacerlo dando a tus guías una regla clara. Por ejemplo: "No te comuniques conmigo cuando estoy en el trabajo, gracias". O, "No te comuniques conmigo a menos que te lo pida específicamente, o esté en grave peligro y necesite ayuda. Gracias". Afirmar tus límites de forma cariñosa te ayuda a satisfacer tus necesidades, al tiempo que mantienes una relación positiva con tus guías en la que las líneas de comunicación permanecen abiertas.

Capítulo 6: Mantenerse protegido durante la comunicación

Aunque vas a comunicarte con tus guías, que por lo general son dignos de confianza y con los que es fácil trabajar, debes comprender que al abrir los canales de comunicación, estás abriendo un canal a un reino alternativo. Cada vez que haces esto, existe el riesgo de que otras energías puedan entrar, especialmente si no eres consciente de lo que estás haciendo y de cómo protegerte adecuadamente de cualquier energía que puedas encontrar durante tu experiencia.

Hay dos reglas sencillas que te ayudarán a mantenerte protegido durante la comunicación. La primera es saber, con absoluta certeza, que te vas a encontrar con otras energías que quieren penetrar en tu canal y encontrarse en tu campo energético. En el momento en que empieces a hablar con tus guías, estas energías verán el canal y querrán entrar. Sabiendo esto, puedes estar seguro de tomar medidas *cada vez* para evitar que entren energías no deseadas.

La segunda regla es que nunca debes trabajar con energía, o con tus guías antes de saber cómo parar. Esto significa que si has terminado de comunicarte o quieres cerrar tu canal, debes saber cómo cerrarlo completamente incluso antes de abrirlo en primer lugar. Saber cómo cerrar y limpiar completamente tu canal, y a ti mismo, significa que puedes protegerte de tener comunicaciones no deseadas con cualquiera fuera de ti y de tu campo energético personal. Cuando sepas con absoluta certeza que algo intentará pasar y cómo protegerte para que no suceda, y sepas cómo cerrar el canal en cualquier momento que lo necesites, estarás totalmente preparado para comunicarte con tus guías de forma segura.

Establecer intenciones firmes

Una de las formas más poderosas de trabajar con los reinos energéticos es establecer intenciones firmes. Para aquellos que no son conscientes, una intención puede parecer una mera idea de cómo quieren que vayan las cosas. Esta es una vaga representación de lo que es una intención. Las intenciones son en realidad una forma de decidir algo, y luego telepáticamente establecer la energía para que dicha cosa ocurra dentro de su campo de energía. Como ejemplo práctico, considera la última vez que tuviste la intención de prepararte la cena. Comenzó con la idea de que había que cocinar la cena, y luego se manifestó en el proceso de hacer y comer la cena. Cuando tienes intenciones firmes, tienes la capacidad de cambiar completamente tu energía y orientarla hacia lo que deseas, como estar protegido de energías no deseadas o disfrutar de una comunicación pacífica y positiva con tus guías.

Para establecer una intención antes de cualquier comunicación, simplemente cierra los ojos, establece tu intención y mantenla hasta que puedas sentirla físicamente en todo tu cuerpo y en todo tu campo energético.

Si en algún momento durante la sesión, sientes que tu energía se aleja de la intención que habías establecido, puedes volver a revisar la intención y permitirte restablecerla hasta que vuelvas a sentirla en todo tu ser. Entonces, cuando hayas terminado, puedes volver a la sesión. Si notas que tu energía se desvía continuamente o que parece que no puedes mantener tu intención, puede que sea mejor terminar la sesión y volver a intentarlo más tarde.

Aprende a diferenciar tu energía

Cuando trabajas con espíritus, ya sea para recibir una sesión de sanación energética, para trabajar con cristales o para canalizar a tus guías espirituales, siempre habrá otras energías entrando en tu espacio. A veces, puede ser difícil identificar dónde termina tu energía y dónde comienza la otra. Por ejemplo, si estás sosteniendo un cristal y está infundiendo energía en tu campo, puede ser difícil identificar qué energía es la tuya que ha sido infundida por el cristal, y qué energía pertenece sólo al cristal.

Aprender a diferenciar tu energía de la energía de cualquier persona y de cualquier otra cosa te permite mantener tu energía pura y libre de ser infiltrada o abrumada por la energía de cualquier otra persona. De este modo, no asumes la energía, las emociones o las experiencias de cualquier otra cosa que no esté destinada a ser experimentada dentro de tu campo energético.

Hay cuatro pasos que puedes dar para diferenciar tu energía de la de los demás. El primer paso es notar cualquier síntoma o experiencia que parezca comenzar repentinamente más o menos al mismo tiempo que tu sesión, ya que esto indica que la energía que estás experimentando no es tu verdadera energía. Si notas algo así, disóciate de la energía no deseada y limpia tu propio campo energético lo antes posible.

El segundo paso consiste en preguntar a tu intuición si estás experimentando tu propia energía o la de otra persona. Por lo general, tu intuición responderá con un "sí" o un "no". Si sientes un "no" o cualquier otra señal que indique que la energía que estás experimentando no es la tuya, puedes centrarte en eliminar esa energía de tu campo mediante la disociación y la limpieza.

El tercer paso para diferenciar entre tu energía y la de otra persona es colocar un escudo de energía psíquica a tu alrededor y alrededor de tu campo energético. Para ello, visualiza una luz blanca que se ilumina en el centro de tu cuerpo. Permite que esa luz crezca y se expanda, filtrando cualquier energía que no sea tuya a medida que se expande. Si la energía se retira de tu espacio durante este proceso, estás experimentando la energía de otra persona.

El paso final para diferenciar es dedicar una cantidad significativa de tiempo a conocer tu propio campo energético y familiarizarte con tu propia energía, así como con la energía de cualquier guía o herramienta con la que puedas estar comunicándote. De este modo, cuando estés trabajando con tu energía, podrás diferenciar claramente entre la tuya y la de las herramientas con las que estés trabajando. También puedes familiarizarte lo suficiente con tus guías y herramientas como para saber rápidamente cuándo una energía desconocida y no deseada se presenta en tu campo energético.

Conecta continuamente a tierra tu campo energético

Es una buena idea conectar tu energía a tierra de forma rutinaria a lo largo del día, pero hay momentos en los que también deberías realizar una conexión a tierra continua. Cuando te comunicas con tus guías o realizas cualquier tipo de trabajo energético espiritual, siempre debes trabajar para conectar tu energía a tierra. La conexión a tierra te permite eliminar las energías no deseadas o excesivas y devolverlas a la tierra, eliminándolas completamente de tu campo energético. Si recoges alguna energía extraña, o si tus propias energías empiezan a desequilibrarse en el proceso, la práctica de la conexión a tierra te permitirá eliminar esas energías y mantener tu estado energético soberano.

Hay dos formas sencillas de conectarse a tierra, y ambas pueden ayudarte a conseguir este equilibrio energético. La primera involucra tu cuerpo físico y la tierra; la segunda utiliza tu respiración para crear el efecto de conexión a tierra. Para la práctica de conexión a tierra que implica el cuerpo físico, mantén los pies o el coxis firmemente apoyados en el suelo. Durante toda la experiencia, visualizarás que todas tus energías no deseadas, excesivas o desequilibradas se eliminan a través de los pies o el cóccix hacia la tierra que hay debajo de ti. A medida que continúes creando esa conexión, descubrirás que tus energías permanecen equilibradas y que es menos probable que experimentes energías no deseadas en tu campo.

Si quieres utilizar la respiración para conectarte a tierra, puedes practicar un patrón de respiración sencillo y rítmico que te permita controlar tu campo energético. Al inspirar, visualízate recibiendo energías equilibradoras que nutren tu campo energético y te mantienen conectado a tierra. Al exhalar, visualiza que cualquier energía no deseada, excesiva o desequilibrada se libera de su campo energético para que pueda mantener su estado energético soberano. Algunas personas visualizan la energía entrante de color blanco, amarillo o rosa, ya que consideran que se trata de energía pura y limpia que les ayuda a equilibrar y purificar su campo energético. Al exhalar, visualizan la energía saliente de color negro, lo que indica que están liberando energía no deseada.

Usa una cascada energética

Las cascadas energéticas son una forma de limpieza energética que puede utilizarse durante un periodo de tiempo continuado. Sin embargo, requieren tu conocimiento consciente, por lo que no son necesariamente algo que puedas mantener durante horas o días enteros, pero puedes utilizarlas durante toda la duración de una sesión de comunicación o experiencia de canalización. El propósito de la cascada energética es tener una cascada que limpie continuamente tu campo energético, lavando cualquier energía no deseada mientras realizas tu práctica.

Para crear tu cascada energética, visualiza energía acuosa blanca, amarilla, rosa o azul claro vertiéndose sobre ti, exactamente como lo haría una cascada. Mientras lo haces, visualízala lavando cualquier energía que no te pertenezca o que no te sirva. Puedes pedirle a esta misma cascada que limpie completamente tu canal y la conexión que has hecho con un reino alternativo, también, para ayudarte a mantener tu conexión limpia y clara.

Cada vez que sientas que tu energía está siendo presionada o penetrada por energías no deseadas, puedes centrar tu atención en la cascada durante unos instantes para visualizar cómo se limpian esas energías. Esta combinación de intención, cascada de energía y conexión a tierra te permitirá crear un espacio limpio y seguro para comunicarte con tus guías.

Recurre a la ayuda de los cristales y los aceites esenciales

Las herramientas prácticas de protección, como los cristales y los aceites esenciales, pueden ser útiles a la hora de comunicarte con tus guías. Hay una gran variedad de cristales y aceites esenciales que funcionan, aunque lo mejor es utilizar sólo uno o dos de cada uno para evitar abrumar tu sistema energético. Aunque pueda parecer que lo ideal es tener tantas herramientas de protección como sea posible, en realidad puede ser contraintuitivo. Imagina que vas a la batalla con muchos más escudos de los que podrías necesitar. Llevar los escudos e intentar utilizarlos supondría un esfuerzo excesivo, y el resultado sería que te verías abrumado por los propios escudos, lo que posiblemente te dejaría expuesto a un ataque. Lo mismo ocurre con las herramientas espirituales prácticas.

Si quieres recurrir al apoyo de los cristales, busca cristales como el hierro de tigre, la amatista, el ágata de fuego, la turmalina negra, el cuarzo tournalinated, la piedra de azabache, la obsidiana negra, el cuarzo ahumado, la fluorita o el jaspe. Estos cristales son todos excelentes para ayudar a proteger tu energía física, mental, emocional y espiritualmente, para que no estés abierto a ser atacado desde la energía en cualquier plano, o de cualquier manera, sea cual sea.

Los aceites esenciales se pueden utilizar de varias maneras. Puedes usar un solo aceite o una mezcla de aceites. Muchos psíquicos crean sus propias mezclas de protección, que recurren al uso de muchas plantas aliadas para ayudarles a crear un fuerte campo protector. Puedes difundir el aceite, ungirte con el aceite diluido, rociar tu habitación con el aceite o incluso utilizarlo como spray corporal. Los mejores aceites esenciales para la protección energética son los de lavanda, limón, ciprés, pomelo, incienso, salvia y menta. También puedes utilizar incienso de salvia o palitos de sahumerio para mantener limpio tu espacio mientras te comunicas con tus guías, ya que tanto la salvia como el humo contienen propiedades limpiadoras y protectoras.

Termina la sesión si no te sientes "bien"

Por último, debes tener confianza para seguir tu propia intuición. Si estás participando en una sesión y comunicándote con tus guías y notas que algo "no va bien", debes confiar en ello y afirmar tus límites. Cierra el canal, limpia tu campo energético y conéctate a tierra para eliminar cualquier energía no deseada de tu espacio. Es importante comprender que tus guías no se sentirán heridos, decepcionados o molestos contigo por querer cerrar el canal y comunicarse más tarde. No hay razón para creer que estás siendo grosero, cerrando el canal para siempre o bloqueando de alguna manera a tus guías por cerrar un canal prematuramente. Si las cosas no te parecen bien, confía en tu intuición. Siempre puedes volver al canal para comunicarte con tus guías más adelante.

Si te ves obligado a cerrar un canal porque te parece que está "apagado", asegúrate de limpiar bien tu energía y tu espacio. Utiliza incienso o aerosoles de aceites esenciales, realiza una sanación con cristales para ti y tu espacio (te enseño cómo en mi libro *Sanación con cristales*), y utiliza el poder de la intención y la visualización para lograr los resultados deseados. Es vital que limpies tu energía y tu espacio lo antes posible, ya que esa sensación de "apagado" que tienes podría indicar que una energía no deseada ha conseguido aferrarse a tu energía o a tu espacio. Una limpieza y conexión a tierra adecuadas eliminarán la energía de ese espacio para que no pueda causar estragos o llevarte a tener problemas con tu campo energético. Cuanto más tiempo dejes que una energía no deseada o negativa se aferre a ti o a tu espacio, más tiempo sufrirás síntomas no deseados, lo que hará más difícil eliminar esa energía. No esperes.

Capítulo 7: Comunicación con los guías

El proceso de comunicarse con tus guías es mucho más fácil de lo que crees. Hay muchas maneras de invitar a tus guías a que se presenten, se comuniquen contigo y te apoyen en lo que necesites. Con el tiempo, encontrarás un "estilo de comunicación característico" que funcione mejor para ti y tus guías, consistente en tu propio "lenguaje energético", así como tus propios métodos para llamarlos y recibir orientación. A través de esto, llegarás a reconocer símbolos y signos únicos a través de los cuales puedes comunicarte. Hasta que llegues a ese punto, hay muchos pasos maravillosos para principiantes que puedes dar para ayudarte a empezar a comunicarte con tus guías de una manera significativa. Cuanto más te comuniques con tus guías, más fácil te resultará y más cerca estarás de desarrollar tu propio estilo característico.

Invítalos a tu espacio

La primera forma, y posiblemente la más directa, de comunicarte con tus guías es invitarlos a tu espacio. Esta parte es tan sencilla como cerrar los ojos, fijar tu intención e invitar a tus guías a que vengan a hablar contigo. Puedes invitar a tus guías para que te ayuden con un propósito específico o para que compartan contigo una conversación casual.

Es importante recordar que tienes libre albedrío, así que a menos que invites intencionadamente a tus guías a entrar en tu espacio, es poco probable que aparezcan. Puede que aparezcan en momentos difíciles, pero por lo demás, se mantendrán alejados y esperarán a que les llames. Cada vez que te encuentres estresado y suplicando ayuda a "alguien" en tu mente, tengas una experiencia cercana a la muerte o una experiencia vital intensa, o te encuentres de algún otro modo en una situación de locura, tus guías te ayudarán. De lo contrario, esperarán.

La otra cara del libre albedrío es que si invitas a tus guías a tu espacio y les haces saber que pueden entrar en cualquier momento, *lo harán*. Esto puede llegar a ser abrumador, así que no tengas miedo de pedirles que te den espacio cuando sea necesario, o de esperar hasta que se les llame para empezar a comunicarse contigo. Especialmente cuando eres nuevo en la comunicación con tus guías, tenerlos entrando abiertamente en tu espacio puede ser estresante.

Siempre que invites a tus guías a tu espacio, es importante que tengas en cuenta tus intenciones, limpies tu energía y te conectes a tierra. Esto puede parecer mucho trabajo, pero a medida que te acostumbres a comunicarte con tus guías y a utilizar estas técnicas energéticas, descubrirás que cada vez te resulta más fácil invitar a tus guías a tu espacio y mantener tu energía.

Establece un espacio especial para ellos

Si quieres invitar a tus guías a una experiencia especial, puedes pensar en crear un lugar especial para ellos. Para conversaciones intencionadas o para pasar tiempo juntos, puede ser agradable hacer de "anfitrión" o "anfitriona" de tus guías creando una atmósfera maravillosa para compartir con ellos. Por supuesto, esto no es necesario, pero puede ser una forma poderosa de invitar a tus guías a tu espacio y tener conversaciones con ellos a medida que los conoces y recibes su guía. Incluso aquellos que han estado hablando con sus guías durante décadas continúan haciéndolo, ya que sienten que sus guías son tan cercanos como sus mejores amigos o familiares.

Cuando prepares el ambiente para tus guías, piensa en lo que te resultaría agradable y relajante a la vez que acogedor. Enciende velas, quema incienso, coloca algunos cristales alrededor, prepara una tetera y crea un ambiente cómodo para que se sienten. Si lo deseas, puedes incluso traerles una taza y preparar un lugar para que se sienten. Algunos individuos con habilidades clarividentes pueden "ver" a sus guías sentados frente a ellos, por lo que hacen esto como una forma de comunicarse con sus guías de una manera compasiva y acogedora. Otros no "ven", sino que simplemente sienten la presencia de sus guías, por lo que se preocupan menos por crear un asiento oficial y más por crear el entorno energético adecuado para invitar a sus guías. Puedes configurarlo de la forma que te parezca más adecuada. Sigue tu intuición y, si no estás seguro, pregúntale a tus guías cómo les gustaría que estuviese configurado tu entorno para las reuniones especiales que tengas con ellos.

Escucha tu intuición

Tu intuición es principalmente tu yo superior hablándote. Tu yo superior te habla con la intención de guiarte por la vida. Desde su punto de vista superior, esta parte de ti puede prever qué elecciones son las mejores para ti, cómo deberías navegar por diferentes situaciones para obtener el mejor resultado, y mucha otra información de la que podrías no estar al tanto.

Si aún no has trabajado con tu tercer ojo o no eres particularmente hábil con tus sentidos clarividentes, puedes hacer preguntas a tus guías y escuchar tu intuición para oír la respuesta. Ellos te hablarán a través de ese mismo sentimiento o voz visceral con el que te habla tu yo superior, ofreciéndote toda la orientación y perspicacia que puedan sobre tu situación particular.

Si alguna vez no estás seguro de si es tu intuición o tu mente la que habla, date la oportunidad de hacer una pausa y meditar primero. Una vez que hayas meditado y acallado todas las distracciones posibles, te resultará más fácil escuchar a tu intuición y recibir esos mensajes. Tu intuición suele ser la primera voz que surge en tu mente, o el pensamiento automático que sigue a la pregunta o afirmación que has hecho al comunicarte con ella. Cuanto más confianza desarrolles en ella, más fácil te resultará comunicarte de este modo.

Habla en voz alta (o en tu mente)

Crear una atmósfera especial y prepararlo todo para tus guías es una forma maravillosa de compartir tiempo con ellos, pero no es la única. Las personas experimentadas que hablan habitualmente con sus guías a menudo simplemente hablan en voz alta, o en sus mentes, dirigiendo preguntas a sus guías y recibiendo respuestas a través de su intuición y pensamientos automáticos. Ésta es una forma perfecta de comunicarte con tus guías, tanto si has establecido un espacio específico para que se reúnan contigo, como si estás deambulando por tu día a día y necesitas orientación.

A menudo, las formas más obvias y directas de comunicación son las más poderosas, pero como humanos, nos gusta intentar complicar las cosas. No tiene por qué ser complejo; puedes mantener estas conversaciones con la misma facilidad con la que te dices pensamientos a ti mismo.

Practica el diario intuitivo

Llevar un diario intuitivo es una forma maravillosa de conectar con tus guías. Algunas personas llaman a esto escritura automática, aunque no necesariamente tiene que ser escritura automática para ser una experiencia en la que te comunicas con tus guías. La escritura automática es una práctica en la que aquellos que han activado su tercer ojo permiten que otro ser "resida" en su cuerpo por un momento, esencialmente usando su mano para escribir. Esta es una forma común para que los médiums o psíquicos contacten con familiares o guías fallecidos para que puedan recibir mensajes a través de la forma de escritura. El individuo rara vez sabe lo que se está diciendo, por lo que tiene que leer el mensaje después de que se ha escrito para saber lo que ha llegado.

Cuando usas el diario intuitivo, la escritura automática puede ser ciertamente una práctica que uses para comunicarte con tus guías. Sin embargo, no es la única manera. También puedes simplemente hacer preguntas y escribir las primeras respuestas que te vengan a la mente, o tus respuestas intuitivas, y llevar un registro de ellas. Al llevar un diario intuitivo con tus guías, es probable que adquieras más confianza en los mensajes que recibes al darte cuenta de que tienen personalidad y hablan con matices diferentes a los tuyos. Además, es probable que empieces a ver patrones en sus mensajes, que posiblemente te lleven a comprender mejor hacia dónde te dirigen.

Usa las herramientas de divinidad

Las herramientas de la divinidad son una gran manera de comunicarte con tus guías. Las cartas del tarot, las cartas del oráculo, las herramientas de adivinación e incluso las lecturas con cristales pueden utilizarse para comunicarse con los guías. Al utilizar estas herramientas, es importante entender que cada una tiene su propio conjunto de reglas, prácticas de lectura y limitaciones. Escoge siempre la herramienta adecuada para el trabajo y aprende a interpretarlas apropiadamente. Además, asegúrate de continuar con tus prácticas de protección y conexión a tierra, ya que estas herramientas también tienen la capacidad de atraer energías o entidades no deseadas, puesto que están trabajando dentro de tu canal. Todos los mismos métodos de protección que utilizas para tu canalización intuitiva funcionarán maravillosamente también para las herramientas de la divinidad.

Trabajo con sueños y visiones

El trabajo con los sueños y las visiones son una forma poderosa de comunicarte con tus guías. Si quieres recibir información de ellos pero buscas una experiencia más abierta, aprovecha el poder de tus sueños. Durante tus sueños, estás relajado y abierto, y recibes la guía de tus guías con facilidad. Además, el trabajo con los sueños es sorprendentemente fácil. El único inconveniente es que es fácil olvidar los sueños y, a veces, pueden resultar confusos. Hay dos pasos para utilizar el trabajo con los sueños de forma eficaz.

El primer paso es utilizar de nuevo el poder de la intención. Antes de dormirte, establece la intención de qué información quieres recibir de tus guías, y dales algunos consejos sobre cómo pueden comunicarse más claramente contigo. De este modo, te habrás preparado a ti mismo y a ellos para la conversación, y es más probable que recibas de ellos la orientación que necesitas. Una vez que hayas establecido tu intención, suéltala y concéntrate en quedarte dormido. Tus guías aparecerán para ayudarte a responder a tus preguntas o proporcionarte lo que hayas pedido. Si no lo hacen, prueba a utilizar una piedra como la amatista, el cuarzo del aura del ángel o el diamante Herkimer debajo de la almohada, ya que todas ellas ayudan con los sueños lúcidos y el trabajo onírico.

El segundo paso consiste en tener cerca un diario de sueños. En cuanto te despiertes, escribe todo lo que recuerdes de tu sueño. Al principio, abstente de analizarlo, ya que podrías olvidar partes del mismo durante el proceso. Escríbelo todo, objetivamente y de memoria. Luego, más tarde, puedes analizar lo que significó cada cosa. Se puede hacer un análisis inicial, pero es útil volver y analizarlo de nuevo más tarde para que pueda sentirse seguro de que interpretó con precisión la información del sueño.

Capítulo 8: Talismanes y amuletos para tus guías

Los talismanes y amuletos son una forma de herramienta de la divinidad con la que la gente ha trabajado durante muchos siglos, a través de muchas culturas y religiones. Son herramientas de las que se dice que tienen poderes mágicos que te proporcionan ciertos beneficios, como buena suerte o abundancia. En el caso de la comunicación con tus guías, los talismanes y amuletos pueden utilizarse como una especie de "llave" para tu comunicación, ayudándote a hablar con tus guías de forma más clara y eficaz.

¿Qué son los talismanes y amuletos?

Los talismanes y los amuletos difieren entre sí, aunque muchos creen que son intercambiables. Los talismanes suelen ser algo que se lleva puesto, mientras que los amuletos son algo que se sostiene o se tiene cerca. Un talismán suele ser algo que ya se ha fabricado, mientras que los amuletos son algo que puedes fabricarte tú mismo.

Aunque los talismanes no requieren que los fabriques tú mismo, sí exigen un esfuerzo por tu parte para asegurarte de que están listos para su uso. Como con cualquier nueva herramienta espiritual que introduzcas en tu vida, necesitas sintonizarla con tus energías y prepararla para el propósito específico para el que la vas a utilizar. A menudo, la mejor manera de saber cómo utilizar un talismán es seguir tu intuición. Algunos talismanes pueden transmitirse de padres a hijos, en cuyo caso es posible que recibas instrucciones sobre cómo utilizarlo para obtener todos sus beneficios.

Los amuletos requieren que los fabriques tú, o que los fabrique otra persona para ti. No es una buena idea comprar un amuleto ya hecho, a menos que sientas que tu energía te llama poderosamente hacia él y esencialmente te exige que adquieras dicho amuleto. De lo contrario, lo ideal es fabricar tu propio amuleto o pedir que te lo hagan intuitivamente, ya que así te aseguras de que el amuleto se ajusta a tu energía. Rara vez querrás tener una variedad de amuletos, ya que son algo de lo que cada persona suele tener sólo uno o dos en su vida.

Cómo encontrar tu talismán

En algunas familias, los talismanes se transmiten como una tradición. Cuando las nuevas generaciones alcanzan cierta edad, reciben el talismán familiar y se les enseña a utilizarlo. Estos tipos de talismanes suelen tener formas de uso específicas, y se utilizan mejor de esas formas específicas. Aunque tú cultivarás tu propia relación con el talismán y puede que incorpores tus propios matices a la forma de utilizarlo, el método general será el mismo entre tú y los que te precedieron.

Si no dispones de una reliquia familiar, puedes encontrar y utilizar un talismán. La clave es evitar buscarlo. Para encontrarlo de verdad, pide a tus guías que te dirijan hacia él y deja de buscarlo. Un día, en tu vida cotidiana, algo te llamará la atención y sabrás con absoluta certeza, desde lo más profundo de tu existencia, que se trata de tu talismán. Es esencial que escuches fielmente a tu intuición, ya que no querrás saltar sobre el primero que veas por excitación, sólo para encontrarte dudando de él más tarde. Con el talismán que realmente es para ti, no dudarás ni un momento de que es el adecuado. Ten paciencia hasta que lo encuentres.

Una vez que hayas encontrado tu talismán, tienes que meditar con él. Pregúntale cómo quiere que lo guardes, lo uses y lo cuides. Tómate tu tiempo para conocer el talismán antes de utilizarlo para el fin previsto, ya que así te asegurarás de establecer una conexión con él y podrás utilizarlo de forma duradera y significativa. Cuando empieces a sentirte cómodo con él, utilízalo para el fin previsto llevándolo en tus meditaciones, vistiéndolo o utilizándolo de cualquier otra forma que te aconseje. Cuanto más sigas tu intuición y la guía del talismán por encima de la guía de cualquier otra persona con respecto a cómo usar ese talismán, más poderoso será el talismán para ti.

Cómo hacer tu propio amuleto

Los amuletos son otra herramienta de la divinidad que puede transmitirse como herencia familiar. Sin embargo, si no tienes una pieza heredada, puedes crear tu propio amuleto. Una forma es que alguien diseñe intuitivamente un amuleto para ti. Si realmente te opones a tu propia capacidad creativa, hay muchos intuitivos que pueden ayudarte. Por lo general, estas personas te harán una lectura energética, te preguntarán por qué quieres tu amuleto y, a continuación, crearán intuitivamente el amuleto que intuyen que es para ti. Tú puedes hacer tu parte manteniendo la intención de tener exactamente el amuleto adecuado, e insistiendo en que tus guías te ayuden en el proceso, para que recibas exactamente lo que necesitas y estás buscando.

Si quieres crear el amuleto tú mismo, se requiere el mismo nivel de intención. Mantén la intención sobre el propósito del amuleto y pide a tus guías que te ayuden a diseñarlo. Utiliza cualquier cosa que sientas que te llama, ya sean cristales, colgantes o broches antiguos u otros objetos. Puedes incorporar al proceso la envoltura de alambre, la escultura de arcilla o incluso el papel maché para crear el amuleto exacto que está destinado a ti. Déjate llevar por tu creatividad y, al final, tendrás un hermoso amuleto pensado sólo para ti y tus guías.

Una vez que hayas fabricado tu amuleto, pídelo y tus guías te enseñarán a guardarlo, utilizarlo y cuidarlo adecuadamente. Sigue tu intuición para descubrir las verdaderas respuestas, ya que quieres mantener esta pieza lo más personal posible.

Utilizar estas herramientas para comunicarse

Una vez que hayas encontrado tu talismán o creado tu amuleto, tienes que estar preparado para utilizar estas herramientas para comunicarte. Es importante que entiendas que no hay reglas rígidas sobre cómo utilizar tu talismán o amuleto. De hecho, las únicas reglas que realmente deberías seguir son las que te ofrezcan tu intuición y tus guías, ya que esto garantiza que la experiencia de comunicación siga siendo personal y productiva.

Como regla general para empezar, puedes utilizar estas herramientas llevándolas contigo o meditando en ellas durante sesiones de comunicación específicas. Es una buena manera de empezar a saber cómo utilizarlas. A partir de ahí, puede que sientas una llamada intuitiva para colocarla en un lugar específico, llevarla de una forma concreta, moverla o incluso sostenerla en la mano mientras la utilizas. Sigue todas las indicaciones que recibas, ya que así te asegurarás de obtener el máximo poder de ella. Recuerda, cuando se trata de esfuerzos espirituales, nada les parecerá a tus guías "tonto" o "extraño".

La misma intuición te guiará a la hora de decidir dónde guardar tu talismán o amuleto, cómo guardarlo y cómo cuidarlo. De nuevo, sigue esta guía. Cuanto más puedas personalizar esta experiencia confiando en tu intuición por encima de cualquier otra cosa, más provecho sacarás de esta poderosa herramienta.

Capítulo 9: Agradeciendo a tus Guías Espirituales

Después de comunicarte con tus guías espirituales, siempre es bueno dedicar unos minutos a dar las gracias. Expresar gratitud es una forma maravillosa de mantener el flujo de energía positiva y significativa entre tú y tus guías. Para tus guías, recibir esa gratitud los hace mucho más propensos a trabajar contigo y a seguir tu guía mientras los educas sobre cómo comunicarse mejor contigo. Hay muchas maneras de expresar tu gratitud, aunque las tres siguientes son las más fáciles.

Palabras de agradecimiento

La primera forma, y posiblemente la más fácil, de expresar gratitud a tus guías es simplemente decir "gracias". Da las gracias de forma significativa y con frecuencia. Después de haber dedicado intencionadamente un tiempo a tus guías, dales las gracias por venir y expresa tu gratitud por cualquier apoyo o compasión que te hayan ofrecido durante ese tiempo. Si durante el día recibes una guía repentina que necesitabas, agradécelo. Durante conversaciones casuales en tu cabeza, cuando estés conduciendo a casa o haciendo cualquier otra cosa, dales las gracias por aparecer y velar por ti. Cuando experimentes un "milagro", un golpe de serendipia o algo positivo, da las gracias por el papel que han desempeñado en ello. Expresa con frecuencia tu gratitud a través de palabras de agradecimiento por las muchas maneras en que aparecen en tu vida, y ellos recibirán amablemente esa gratitud de tu parte.

Vivir la vida con gratitud

Tus guías a menudo viven a tu lado en la vida que estás viviendo, por lo que una gran manera de expresarles gratitud es vivir tu vida con gratitud. Lo que esto significa es que expreses gratitud por todo, independientemente de cómo se relacione o no con ellos. A lo largo del día, expresa gratitud por todas las cosas que tienes y experimentas. Cuando estés pasando por un mal momento, expresa gratitud por todas las cosas positivas de tu vida. Si ves una bonita puesta de sol, acaricias un animal o pasas un rato agradable con un amigo, expresa tu gratitud. Vivir tu vida en un estado de gratitud significa expresar continuamente tu agradecimiento por las experiencias a las que contribuyen tanto directa como indirectamente.

Regalos de agradecimiento

Los regalos de agradecimiento siempre son bienvenidos. Para los guías espirituales, puedes considerar mantener un pequeño cuenco en tu tocador y utilizarlo para tus regalos de agradecimiento. En él, puedes colocar pequeños cristales, piezas de joyería o tesoros especiales que hayas encontrado durante el día, y otros pequeños regalos de agradecimiento. Si te apetece, incluso puedes escribirles una carta y dejarla caer en el cuenco. Expresar tu agradecimiento a través de estos pequeños regalos es una forma maravillosa de dar las gracias a tus guías por todo lo que hacen por ti.

Capítulo 10: Cómo sacar el máximo partido a los guías

Si realmente quieres intensificar tu experiencia y sacar el máximo partido de tus guías, puede serte útil comprender realmente cuánto puedes recibir de estas relaciones. Avanzar en las relaciones con tus guías es como avanzar en las relaciones con cualquier otra persona: cuanto más inviertas en la relación y la desarrolles, más esperas recibir de ella. Puede que recibas orientaciones más frecuentes o más claras, sentimientos más profundos de apoyo y amor, una mayor alegría derivada de la relación, o cualquier otro beneficio. La clave está en invertir continuamente en el avance de estas relaciones para que puedas obtener cada vez más de ellas.

Consulta con regularidad a tus guías

Quizá una de las formas más sencillas de sacar el máximo partido a la relación con tus guías sea mantener una comunicación regular con ellos. No lo hagas sólo cuando necesites ayuda, o esporádicamente cuando sientas que tienes tiempo para sentarte y entablar una conversación más larga. Al menos una vez a la semana, pero preferiblemente varias veces a la semana, dedique tiempo a hablar con sus guías. Habla con ellos a través de conversaciones mentales cuando estés en la cola de una caja, pídeles ayuda con un problema que tengas en el trabajo o en casa, o habla con ellos de cualquier otra forma por pequeñas cosas. Incluso si te enfrentas a algo aparentemente trivial, puedes pedir ayuda o charlar con tus guías y recibir su apoyo y amor. Cuanto más chatees con tus guías, más clara será tu comunicación y más provecho sacarás de esas relaciones.

Mantener una conversación informal con los guías

No todas las conversaciones tienen por qué girar en torno a una vida que va trágicamente mal o a un grave drama que está teniendo lugar en tu mundo. No todo el mundo vive sus vidas con grandes cantidades de drama de forma continua. Aunque parezca que no pasa nada en tu vida o que no tienes nada que pedir, saca tiempo para hablar con tus guías. Las conversaciones regulares y casuales te ayudan a conectar con tus guías de una forma positiva y significativa. Pregúntales cuál es su forma favorita de dar señales y espera a ver qué señal experimentas. Cuéntales cómo te ha ido el día y escucha si tienen algo que decirte. Cuando veas una señal que te recuerde a tus guías, hazles saber que estás pensando en ellos y ofréceles palabras de admiración o agradecimiento. Estas conversaciones casuales son maravillosas para construir relaciones con tus guías y crear vínculos fuertes y duraderos con ellos.

Aprender sobre su energía y personalidad únicas

Cada guía tiene su propia energía y personalidad. Dedicar tiempo a conocer la energía y la personalidad de tus guías es una forma maravillosa de familiarizarte con quiénes son y qué presencia es probable que traigan a tu vida. Cuanto más conozcas su energía única, más cómodo te sentirás a su alrededor.

La forma más fácil de entender el beneficio de esto es pensar en tus amigos. Antes de conocerlos, tus amigos tenían personalidades y energías extrañas que te eran totalmente desconocidas. Por eso, puede que te sintieras incómodo con ellos, porque no sabías quiénes eran ni qué esperar. Es posible que tuvieras cuidado con las palabras que utilizabas, que sólo expusieras ciertas partes de ti mismo y que retuvieras cosas para evitar ofrecer partes de ti que pudieran haber sido juzgadas por esa persona. Esto es natural cuando no conocemos a la persona con la que nos comunicamos. Una vez que conociste a tus amigos, llegaste a comprender su energía y personalidad únicas, y te sentiste mucho más cómodo y seguro disfrutando de una relación con ellos. Dejaste de preocuparte por qué decir o cómo actuar y empezaste a sentirte seguro de cómo podías comportarte en esa relación. Lo mismo ocurre con la relación con tus guías. A medida que vas comprendiendo quiénes son, empiezas a entender cómo puedes relacionarte con ellos y, como resultado, tus relaciones se fortalecen.

Recurrir a tus guías siempre que necesites ayuda

Si no estás acostumbrado a comunicarte con tus guías, puede parecerte poco natural recurrir a ellos cuando necesitas su ayuda. En lugar de sentirte apoyado y como si tuvieras a alguien a quien llamar en cualquier momento que lo necesites, puede que sientas que tienes que enfrentarte a todo solo. A medida que te acostumbras a tener a tus guías cerca, te ayuda empezar a pedirles ayuda más a menudo. Nunca puedes pedir "demasiada" ayuda, ya que están en tu vida con el único propósito de ayudarte. Pídeles ayuda tan a menudo como la necesites, no importa lo grande o pequeña que sea tu situación. Cuanto más pidas, más ayuda recibirás y más valor obtendrás de estas relaciones.

Seguir la orientación que se te ofrece

Cuando tus guías te ofrecen orientación, es útil que la aceptes. Esto beneficiará tus relaciones de tres maneras y maximizará el valor que obtienes de tus guías. En primer lugar, seguir su guía demuestra a tus guías que confías en ellos y que recibes de buen grado su guía y apoyo. Esto probablemente hará que comiencen a mostrarte su apoyo de forma aún más abundante.

En segundo lugar, aprendes a confiar en ellos y en la guía que te ofrecen, y te resulta más fácil sentirte seguro de que los mensajes que te envían proceden realmente de ellos y no de alguna voz extraña dentro de ti.

En tercer lugar, cuando sigues la guía de tus guías, obtienes los resultados que deseas. Esta guía está hecha a medida para ayudarte a manifestar cualquier cosa y todo lo que quieras, así que mientras la sigas, siempre llegarás a los resultados deseados. ¡Es una obviedad seguirla tan a menudo y tan de cerca como puedas!

Mantener conversaciones de ida y vuelta

Puede resultar extraño e incómodo comunicarse de forma rutinaria con alguien, sólo para sentir que no se está comunicando contigo. Si no sientes pensamientos automáticos o "mensajes intuitivos" procedentes de tus guías, aprende a mantener conversaciones de ida y vuelta de otras maneras. Hazles una pregunta sobre sí mismos y luego dirígeles hacia un signo que puedan ofrecerte para significar la respuesta. Por ejemplo, puedes decir: "¿Estás conmigo en este momento? Enséñame una flor rosa si es así". Entonces, puede que una flor rosa se cruce en tu camino. Puedes practicar diferentes estilos de conversación con tus guías mediante el método de ensayo y error. A medida que lo hagas, descubrirás que realmente hay alguien o algo ahí mismo escuchándote y comunicándose contigo, lo que te facilitará sentirte confiado en tus comunicaciones con ellos en primer lugar. De este modo, dejarás de preguntarte si alguien te está escuchando, y en su lugar, sabrás desde el fondo de tu corazón que realmente hay alguien ahí velando por ti.

Conclusión

¡Enhorabuena por haber terminado *Guías espirituales*!

Este libro ha sido escrito para ayudarte a comprender quiénes son tus guías espirituales, por qué existen y cómo puedes empezar a confiar en ellos para obtener un mayor apoyo en tu vida. Tus guías espirituales son seres poderosos que existen para ayudarte en la vida, de la manera que desees. Cuanto más aprendas a trabajar con tus guías y a confiar en ellos, más fuertes se volverán tus sentidos y más poderosa será su guía para ti.

Espero que a través de la lectura de este libro, te des cuenta de que estás abundantemente apoyado y que puedes ganar mucho en la vida. Con el apoyo de tus guías, no hay nada que no puedas hacer. Ya sea que quieras manifestar una mayor felicidad y una alegría más profunda de la vida, un ático o una hermosa casa en el lago, seguridad financiera, o cualquier otra cosa, todo se puede lograr a través de conocer a tus guías y sentirte cómodo pidiéndoles ayuda. Cuando pides ayuda a tus guías, puedes confiar en que te indicarán la dirección correcta y te ayudarán a convertirte en la versión más poderosa de ti mismo. Antes de que te des cuenta, estarás manifestando todo con facilidad a través de la ayuda de tus guías.

Ahora que has llegado al final de este libro, te animo a que reflexiones largo y tendido sobre el valor de tus guías espirituales. Si estás preparado, pasa tiempo en meditación hablando con ellos y llegando a saber quiénes son y qué tienen que ofrecerte. Aprende a expresar gratitud, a comunicarte con ellos libremente y a recibir señales de ellos. Si aún no tienes nada que pedirles, o si aún no estás seguro de cómo recibir sus mensajes, pídeles señales y luego busca las señales que te ofrecen. Recuerda siempre que cuanto más esfuerzo pongas en tus relaciones con tus guías, más provecho sacarás de ellas.

Por último, me gustaría agradecerte que te hayas tomado el tiempo de leer este libro. Espero que te haya resultado interesante e informativo, y te deseo mucha suerte en tus esfuerzos espirituales.